DE L'HÉRÉDITÉ

DE LA PAIRIE,

ET DE

QUELQUES AUTRES QUESTIONS DU MOMENT.

PAR M. BECHEU.

La volonté nationale
est la base de notre gouvernement.

PARIS,

R. LEROUX, LIBRAIRE-ÉDITEUR,

RUE SERPENTE, N°. 14.

Juillet 1831.

DE L'HÉRÉDITÉ

DE LA PAIRIE,

ET DE

QUELQUES AUTRES QUESTIONS DU MOMENT.

DE LA ROYAUTÉ NOUVELLE.

A l'aspect d'une révolution aussi prodigieuse dans sa rapidité qu'elle est immense dans son avenir, les peuples avaient applaudi et les rois avaient été frappés d'étonnement. Ceux-ci attendaient avec anxiété quelle forme de gouvernement allait se donner un peuple qui venait de conquérir le droit et le pouvoir de se gouverner lui-même; mais déjà apparaissait une royauté nouvelle, pleine de vie et de force au jour même de sa naissance, parce qu'elle sortait du vœu populaire. L'union entre une grande nation et son chef, la création spontanée de 1,500,000 gardes nationaux, l'enthousiasme dont la France se montra saisie en ouvrant cette nouvelle ère politique, firent pressentir aux étrangers l'influence qu'elle allait prendre sur les destinées de l'Europe. La déclaration du principe de non-intervention annonça la volonté de faire un noble usage de cette influence. Ce premier acte de notre diplomatie, et l'unique, il faut le dire, qui ait été fait en conformité de la révolution de juillet, créa la Belgique comme état indépendant : voilà l'apogée de notre nouvelle ère politique. Depuis ce moment, il semble qu'une crainte vague de la puissance de la volonté nationale soit venue tourmenter le pouvoir; de là, une loi d'élection si empreinte de cette inquiétude, au lieu d'un système large qui, unissant plus intimement la nation à son gouvernement, eût assuré notre tranquillité intérieure et doublé notre force extérieure; de là, cette marche singulière de notre diplomatie, tout occupée à tranquilliser l'Europe sur le principe de notre révolution, comme si ce principe et les inquiétudes qu'il cause aux cabinets étrangers n'étaient pas le plus puissant moyen d'action, pour faire recouvrer à la France l'influence politique à laquelle elle a droit par l'étendue de ses forces physiques et morales.

Il serait inutile de présenter le tableau des événemens qui ont été la suite de cette fausse marche, ils sont trop présens à tous les esprits; ce qui importe, c'est de faire voir que le principe de notre nouvelle royauté, née du peuple, exige d'elle, dans sa direction, une parfaite conformité avec le vœu populaire : non-seulement la raison le veut ainsi, mais c'est une vérité si pleine de force et de vie que l'on peut dire qu'elle est encore plus sentie que pensée par chacun. C'est ainsi que ceux-là, qui se déclarent les champions du système modéré, proclament eux-mêmes la nécessité de l'union la plus intime entre la nation

et son chef ; ils vont jusqu'à dire que le roi et la nation ne sont qu'un ; mais comment accorder un tel
langage avec les efforts si constans qu'ils ont faits
pour restreindre le droit de suffrage, autant que les
circonstances le leur permettaient.

Si l'on veut réellement connaître le vœu national,
afin de s'unir à lui, pourquoi ne pas appeler à voter
ceux qui paient 5o ou 100 francs d'impôt comme
ceux qui en paient 200, et pourquoi avoir encore
diminué le nombre de ces derniers, en refusant de
leur tenir compte des nouveaux impôts? Croit-on
que ceux qui ne paient que 5o ou 100 francs pensent
différemment que ceux qui en paient 200 ; dans ce
cas ce ne serait pas le vœu de la France que l'on cher-
cherait à connaître, mais celui de 200,000 individus
au plus. Il est probable, au reste, que, dans les limi-
tations au droit électoral, on a moins eu en vue cette
considération qu'une autre bien présente à l'esprit
du pouvoir, savoir : que moins le nombre des électeurs est grand, plus l'influence de l'administration
est forte. Cependant l'administration qui contribue
à faire voter de telles lois passe, passe prompte-
ment, et ces lois durent long-temps après elle. Quant
à cette influence en elle-même, n'est-il pas évident
qu'en en faisant usage, de quelque manière que ce
soit, on renonce à connaître l'opinion véritable de
la nation, pour mettre à sa place et en son nom l'o-
pinion passagère d'une administration.

En un mot, veut-on suivre le vœu national, il
faut le consulter, et pour le connaître il faut appeler à voter un nombre considérable de citoyens.

Supposons qu'on eût doublé, qu'on eût triplé le nombre des électeurs, on aurait à peine atteint le cinquième des citoyens appelés à faire partie de cette garde nationale, dont l'éloge est dans toutes les bouches, et que l'on n'accusera certes pas d'être favorable au désordre.

Je ne quitterai point ce sujet sans rappeler à ceux qui sont si âpres à refuser le droit de suffrage à leurs concitoyens, l'opinion d'un homme qu'ils n'accuseront probablement pas d'être un anarchiste: « Tous les citoyens, dit Montesquieu, dans les di- » vers districts, doivent avoir droit de donner leurs » voix pour choisir le représentant; excepté ceux » qui sont dans un tel état de bassesse, qu'ils sont » réputés n'avoir point de volonté propre. » Et ce n'est point en parlant d'un état démocratique qu'il s'exprime ainsi, il s'agit de la constitution anglaise.

Un autre sujet de mécontentement, ou plutôt d'inquiétude, est l'idée que le gouvernement veut, avec l'aide de ceux qui se sont donnés le nom de *modérés*, reconstituer le second pouvoir de l'état, de manière à s'en faire un appui contre la volonté nationale.

Lorsque la Chambre des députés a élevé sur le pavois un souverain d'une nouvelle dynastie, elle a bien senti qu'il fallait que son choix fût populaire, et que son vote serait peu de chose si l'assentiment national ne venait s'y joindre. Il paraît qu'une partie considérable de cette même Chambre voulait pro- céder de suite à la réorganisation du second pou- voir politique; mais, comme il était généralement connu qu'un assez grand nombre de ses membres n'étaient pas sans prétention pour être appelés à faire partie de la première Chambre, une certaine vergogne personnelle entrava l'explosion du zèle avec lequel on s'était disposé à soutenir la nécessité de consolider sur-le-champ le privilége héréditaire de cette Chambre. A raison de ces circonstances, et par beaucoup d'autres motifs, il est permis de douter que ce second acte d'omnipotence parle-mentaire eût eu, en sa faveur, l'assentiment na-tional qui avait accompagné la rénovation de la royauté.

Répétons-le encore, la source de tous les griefs contre le pouvoir, de toutes les fautes qu'on lui reproche, c'est la défiance de la volonté nationale; défiance si hautement et si maladroitement mani-festée par la loi d'élection; défiance qui en empê-chant le gouvernement du roi de s'appuyer sur la masse de la nation, de s'identifier complétement avec elle, a donné à notre diplomatie cette couleur pâle qui choque d'autant plus les sentimens natio-naux que, depuis la révolution de juillet, le pays a la conscience intime de sa force; défiance enfin qui pourrait entraîner le gouvernement dans de graves. erreurs lorsqu'il sera question de ᴢ   stituer le se-cond pouvoir de l'état.

Faut-il donc désespérer de la royauté nouvelle ? Non, sans doute. Que le roi vive au milieu de ses concitoyens; qu'il interroge, qu'il écoute, et la vérité se fera jour. Qu'il se rappelle les premiers momens de son avénement au trône, l'enthousiasme général,

les clameurs populaires qui l'accompagnaient par-
tout. Il en a paru trop ému pour qu'il puisse les avoir
oubliées. Le roi est arrivé au trône avec de la popu-
larité acquise : il reconnaîtra que les moyens qui la
lui avaient fait obtenir sont les seuls propres à la lui
conserver.

On se plaît maintenant à rappeler une ancienne
formule qui devrait être un peu discréditée; c'est que
le pouvoir doit être fort pour protéger la nation
contre ses propres égaremens. Le pouvoir royal a
toute la force nécessaire pour résister aux émeutes,
et à toute espèce d'actes de violence, tant que le roi
restera uni avec la nation. Il n'est sûrement pas nécessaire de lui créer des ressources pour le moment
où il songerait à s'en séparer. Au reste, il n'en est
point qui ne fussent insuffisantes dans une telle situation, et il faut s'en applaudir pour le roi et pour le
pays, car la nation ne paraît pas disposée à abdiquer
la conquête qu'elle a faite de son émancipation.

DU MANDAT,

ou

DES DROITS DES ÉLECTEURS.

La question de savoir si un député doit représenter dans la Chambre l'opinion de ceux qui l'y envoient ne semblerait pas devoir en faire une, et cependant, en assimilant cette question à celle du mandat, on est presque parvenu à l'obscurcir.

Le mandat nous reporte à 1789, c'est-à-dire à une époque où la nation s'efforçait de sortir d'un ordre social et politique tout-à-fait usé pour entrer dans un ordre nouveau. Le mandat impératif, comme on l'appelait, devait nécessairement gêner ce mouvement, quelle que fût l'opinion individuelle des mandans ; c'était comme appartenant à un des trois ordres de l'état qu'ils avaient délégué un pouvoir qui, par la force des choses et l'état prononcé de l'opinion publique, devait produire, comme il produisit en effet, la dissolution des corps eux-mêmes qui l'avaient délégué, c'est-à-dire des trois ordres. Mais les mandataires, s'ils s'affranchirent des clauses du mandat qui les auraient empêchés de remplir leur mission, y furent fidèles dans le sens bien plus important de l'accomplissement du vœu de ceux qui les avaient envoyés.

Au reste, le mandat impératif ne serait pas plus applicable aux temps actuels. Personne ne demande que le député reçoive à l'avance des instructions minutieuses, ou soit obligé de consulter ses commettans sur chaque question législative qui peut se présenter ; mais tout le monde sent le besoin que chaque député soit l'expression de l'opinion, je ne dirai pas seulement des électeurs, mais de l'arrondissement électoral qui l'envoie. C'est ainsi que les décisions de la Chambre prennent un caractère bien autrement imposant que ne pourrait le leur donner l'habileté quelconque de ceux qui n'y représenteraient que leur propre mérite et leur opinion personnelle.

S'il est vrai que la Chambre des députés doit essentiellement représenter l'opinion du pays, et personne, je crois, ne va jusqu'à nier la question présentée sous ce point de vue général, il est convenable, il est nécessaire que chacun des membres de cette Chambre consulte et connaisse l'opinion de ceux qui l'y envoient. Il faut ensuite qu'il y reste fidèle ; autrement, et si chacun substitue sa propre opinion à l'opinion de ceux qui l'ont élu, quelle garantie pourra-t-on avoir que, de l'émission de ces opinions individuelles, il sortira des décisions en rapport avec l'opinion générale du pays.

Résulte-t-il de ce que nous venons de dire que le député sera lié sur toutes les questions législatives, qu'il ne pourra avoir d'opinion personnelle sur aucun point, ni profiter d'aucune lumière résultant de la discussion, qu'enfin les délibérations des Chambres devront être réduites à un simple vote ? Rien de tout cela. Le député, en se conformant au vœu de ses commettans, sera libre puisqu'il ne fera que ce qu'il savait devoir faire. Il délibérera et votera sur chaque question selon ce qu'il croira bon et juste. Tout ce qu'on lui demande c'est d'avoir été franc et ouvert avant l'élection, et de rester ensuite fidèle au caractère et aux opinions qu'il a manifestées, et d'après lesquels il a été nommé. Prenons pour exemple la question même qui a donné naissance à la discussion sur le mandat.

Dans l'arrondissement électoral où le candidat se présente, la majorité des électeurs avait ou n'avait pas une opinion arrêtée sur l'hérédité de la pairie. Dans le dernier cas, il reste tout-à-fait libre à cet égard. Dans le premier, les électeurs ont pu et ont dû, pour être conséquens avec eux-mêmes, lui demander s'il partageait leur opinion et s'il était disposé à la soutenir.

Répondra-t-il que son opinion est encore flottante et indécise? mais lorsque sur une question de cette importance, sur une question fondamentale, qui depuis près d'une année est l'objet de l'attention publique, un candidat avoue être dans cet état de doute et d'incertitude, il doit sentir lui-même qu'il n'est point l'homme propre à représenter des électeurs dont l'opinion est fixe et arrêtée.

Déclare-t-il au contraire qu'il partage les sentimens de ceux dont il réclame la confiance et qu'il votera en conséquence? une fois cet engagement pris, il doit sans doute le remplir; mais, en agissant ainsi, il ne fait que suivre l'opinion qu'il a déclaré être la sienne et sur la foi de laquelle il a été élu.

On objecte que la discussion pourra l'éclairer et le faire changer d'avis. D'abord, on doit convenir qu'il arrivera rarement qu'un homme politique, qui ta cru pouvoir se prononcer publiquement sur une question de cette nature, se trouve dans le cas de modifier son opinion. Mais enfin admettons le cas: que fera le député? Sans nul doute, il doit rester fidèle au vœu de ses commettans, sa probité politique lui en fait un devoir. Il votera donc contre sa propre opinion actuelle? Oui, il restera tel qu'il s'est montré à ses commettans, il restera l'homme qu'ils ont élu.

Que l'on veuille bien examiner la conséquence d'une conduite contraire. En votant d'après sa nouvelle opinion, quel poids le député apporterait-il dans la balance des vœux du pays? Son vœu propre, et cela en opposition avec celui de tout un arrondissement électoral qui, loin d'être représenté dans ses opinions, se trouverait avoir voté contre; de manière que la volonté d'un seul homme aurait anéanti, dans le vote général, l'expression de la volonté de deux arrondissemens électoraux.

Les conséquences d'une telle conduite sont si frappantes, que je n'hésite point à dire qu'un député qui n'aurait pris aucun engagement public avec ses commettans n'en devrait pas moins voter dans le sens de leur opinion. Il me semble qu'il lui faudrait un degré d'orgueil et de suffisance bien grand pour se persuader que son opinion personnelle a assez de valeur pour être mise en opposition avec le vote de deux colléges électoraux et en opérer l'anéantissement.

Il résulte des idées que nous venons d'émettre que l'homme qui aspire à l'honneur de représenter une portion de ses concitoyens dans la Chambre des députés, doit non-seulement déférer au désir que lui montrent les électeurs de connaître ses opinions personnelles, mais qu'il est encore de son devoir de rechercher lui-même quels sont leurs vœux et leurs opinions, afin de juger s'il y a entre eux et lui un tel rapport qu'il puisse être leur véritable représentant.

Si ces considérations sont vraies, en ce qui concerne toutes les questions politiques un peu importantes, combien elles acquièrent de force lorsqu'elles s'appliquent à la forme même du gouvernement sous lequel nous devons vivre, lorsqu'il s'agit de l'établissement de l'un des trois pouvoirs politiques.

Résumons-nous : un député n'est point un mandataire restreint et limité dans chacun de ses actes, mais il doit être franchement et loyalement le représentant de l'opinion politique de ceux qui l'envoient (1). Non-seulement il ne peut se refuser aux

¹ Il est curieux de comparer ce que nous entendons dire en ce moment sur le mandat avec l'opinion de Montesquieu. Voici ses expressions : « Il n'est pas nécessaire que les re-
» présentans qui ont reçu de ceux qui les ont choisis une
» instruction générale, en reçoivent une particulière sur
» chaque affaire, comme cela se pratique dans les diètes de
» l'Allemagne. Il est vrai que de cette manière la parole des
» députés serait plus l'expression de la voix de la nation ;
» mais cela jetterait dans des longueurs infinies, rendrait cha-
» que député le maître de tous les autres, et dans les occa-
» sions les plus pressantes toute la force de la nation pourrait
» être arrêtée par un caprice. »
Ainsi notre grand publiciste ne mettait pas en doute que *les représentans ne dussent recevoir des instructions générales de ceux qui les avaient choisis ;* il regardait comme une chose désirable que *la parole des députés fût l'expression de la voix de la nation ;* il n'écartait enfin de la

explications qui lui sont demandées par ses commettans, mais il doit chercher lui-même à connaître
leurs vœux et leurs besoins, et à s'identifier avec
eux. De quelque capacité individuelle qu'il soit doué,
il ne doit point oublier, dans la discussion de ces
questions vitales qui fixent la constitution d'un état,
et où l'assentiment national est indispensable, qu'il est
le représentant de l'opinion d'une portion du pays qui
doit concourir à l'expression de la volonté générale.

Le vœu du pays est le fondement de notre nouveau gouvernement; tous les pouvoirs prennent leur
source dans l'assentiment national, et toute forme
de pouvoir qui n'aurait pas pour elle cet assentiment, serait une fiction qui ne pourrait avoir ni
force ni durée.

Lors même qu'il serait reconnu en théorie que
l'hérédité dans les membres du second pouvoir politique est une condition de puissance et de conservation, il faudrait, pour donner de la réalité à une
telle combinaison, qu'elle fût le résultat de la volonté générale. L'hérédité établie contre cette volonté
serait, pour ce corps, une cause prochaine de fai-
blesse et de dissolution, pour l'état et la royauté
une cause de dangers.

doctrine du mandat, ou, pour parler plus clairement, du
système de la représentation, que ce qui le rendrait impra-
ticable. Mais comment pourrait-il en être autrement, et que
signifierait le titre de représentant, si celui qui en est revêtu
ne devait pas exprimer l'opinion de ceux qu'il représente ?
Voudrait-on que les électeurs l'eussent choisi pour être *le*
représentant de son opinion individuelle, et, qui plus est,
d'une opinion qui leur serait inconnue, d'après le système
nouveau que l'on veut établir ?

DE L'HÉRÉDITÉ DE LA PAIRIE.

S'il existait parmi nous une telle chose qu'une aristocratie puissante de richesses, de patronage, et de l'exercice d'un pouvoir politique long-temps conservé, il est hors de doute qu'en lui enlevant l'hérédité on détruirait une grande partie de sa force. Serait-ce un bien, serait-ce un mal? c'est une autre question. Mais dans un pays où, comme on l'a dit si souvent, une suite de révolutions politiques ont fait table rase, où la royauté elle-même vient d'être renouvelée et ne vit que de l'assentiment national, tout aussi bien que la Chambre des députés, ne serait-ce pas s'abuser que de croire qu'il est possible d'établir un pouvoir aristocratique, et de lui donner de la force par le seul fait d'une condition d'hérédité qui n'aurait pas pour elle le vœu populaire? ne serait-ce pas prendre une fiction pour une réalité, et cette fiction serait-elle sans danger pour la royauté qui, loin d'en recevoir de l'appui, s'épuiserait à la soutenir?

On convient assez généralement que le privilége de l'hérédité de la Pairie choque les mœurs actuelles de la France et son organisation sociale. Aussi ceux qui sont encore indécis sur cette question, comme ceux en si petit nombre qui se déclarent en faveur de l'hérédité, disent-ils n'avoir en vue que le besoin de donner à la première Chambre la force nécessaire pour qu'elle soit réellement un pouvoir. Si donc l'hérédité ne remplissait pas ce but, elle serait un double mal, puisqu'elle ferait illusion sur la force réelle du pouvoir qu'on en aurait doté, tout en choquant les mœurs nationales.

Mais la question ainsi posée est déjà en partie résolue. Si l'hérédité de la pairie choque les mœurs nationales, elle ne donnera certainement pas une force d'opinion au corps qui en sera revêtu : elle ne pourrait que lui donner une force d'agrégation, mais il faudrait que déjà ce corps fût fort par lui-même. C'est le cas de la pairie anglaise, ce ne peut être celui d'une Chambre formée en France à son imitation. Quels que soient les hommes que l'on choisisse pour composer celle-ci, ils n'y apporteront, par eux-mêmes, aucune force qui puisse entrer le moins du monde en balance avec celle que la deuxième Chambre tient de la volonté populaire, ou avec un trône élevé par la même volonté.

Voyons ce que la pairie est en Angleterre et comparons. La connaissance des faits sur cette matière est maintenant tellement répandue en France, qu'il faut se borner au plus court résumé pour ne pas ennuyer.

Les parlemens ou assemblées nationales en Angleterre remontent à la conquête et même au delà. La constitution du parlement, telle qu'elle est aujourd'hui dans ses points principaux, date du commencement du treizième siècle. Le pouvoir politique exercé par la Chambre des pairs est donc en quelque sorte immémorial. Favorisée par la législation, la pairie a concentré entre ses mains la majeure partie de la propriété territoriale des trois royaumes, et par suite elle s'est trouvée succéder, pour l'élection des membres de la Chambre des communes, aux droits politiques d'une quantité de petites villes et de bourgs tombés en ruine. Cela est arrivé au point qu'il y a peu d'années (selon Oldfield, *Histoire des Bourgs*), sur six cent cinquante-huit membres composant la Chambre des communes, cent quarante pairs en nommaient trois cents, et cent vingt autres grands propriétaires alliés généralement à la pairie en nommaient cent soixante-onze.

Cette antique possession d'un grand pouvoir politique, ces richesses territoriales si considérables, cette propriété usurpée d'une partie considérable des droits électoraux du pays, tous ces moyens si puissans par eux-mêmes le sont devenus davantage par l'usage que leurs possesseurs en ont généralement fait en faveur des libertés du pays. Il en est résulté un patronage immense qui a réagi sur le caractère national, au point de rendre pendant long-temps, chose si peu ordinaire, l'aristocratie presque populaire en Angleterre. Les mœurs et les habitudes sociales mêmes en ont éprouvé l'effet. De là, ces distinctions de rang, ce classement exact entre les femmes comme entre les hommes dans toutes les réunions publiques et privées, qui sont si peu en rapport avec nos habitudes, nos goûts, la liberté que nous aimons dans le commerce du monde et le ton d'égalité qui fait le charme de nos rapports sociaux.

Eh bien, cette aristocratie anglaise si bien identifiée avec l'histoire du pays, avec son organisation politique et sociale, si puissante par ses richesses et son patronage, la voilà attaquée dans l'usurpation qu'elle a faite d'une portion considérable des droits politiques de la nation. On lui demande d'en restituer seulement une partie, et tout le monde tombe d'accord, réformistes comme anti-réformistes, que si cet acte s'accomplit, la constitution du pays en sera considérablement modifiée; les derniers prétendent même qu'elle sera renversée.

Après avoir examiné ce qui fait que la pairie anglaise est un pouvoir réel, voyons, parmi les élémens de ce pouvoir, quels sont ceux dont la pairie française, à part l'impropriété de ce terme, pourrait être dotée.

Il est évident qu'il ne dépend pas de nous de lui donner racine dans notre histoire, et que toutes les assimilations faites et à faire sur ce sujet peuvent être poétiques, mais ne sont point réelles.

Quant à la richesse, nous pourrions, il est vrai, composer cette Chambre des principaux propriétaires territoriaux; mais, en adoptant ce mode, fût-ce exclusivement à tout autre, nous n'obtiendrons jamais qu'une masse de richesses d'une valeur soit absolue, soit même relative, fort inférieure aux richesses de la pairie anglaise. Puis, pour maintenir ces richesses dans les mêmes familles, il faudrait non-seulement des substitutions, mais tout le système des lois anglaises sur la transmission de la propriété territoriale. D'ailleurs ce mode de choix conviendrait-il au pays? non, sans doute.

L'illustration des services et l'éminence des talens auront toujours le pas en France sur la richesse seule ; le désir de conserver à l'état le moyen de pouvoir toujours les reconnaître et les honorer n'est pas un des moindres motifs qui font repousser l'hérédité de la pairie.

Le patronage n'est point dans nos mœurs ; il suppose, pour pouvoir être exercé, la possession ancienne et constante des avantages qui manquent et qu'on ne peut donner à une pairie française.

Le droit d'élire une partie de la seconde Chambre, attribué aux membres de la première, n'est certainement point une disposition susceptible d'avoir aucune chance d'assentiment national. Cependant ces droits usurpés par la pairie anglaise ont peut-être été plus utiles à sa défense qu'aucun autre des avantages qu'elle possède, et l'on peut dire que c'est principalement à l'influence qu'ils lui ont donnée sur les résolutions de la Chambre des communes qu'elle a dû la conservation de ses priviléges. C'est qu'il est de la nature de ceux-ci d'être odieux ; aussi est-ce comme une nécessité fatale de leur création d'être obligé d'enfreindre encore le droit commun, ou de souffrir qu'il soit enfreint, afin que des moyens particuliers de défense soient assurés à ceux que l'on a revêtus de priviléges.

Il nous semble résulter de l'examen que nous venons de faire que notre organisation actuelle ne nous fournit aucun des élémens nécessaires pour doter la Chambre des pairs des mêmes avantages qui ont fourni à la pairie anglaise les moyens de défendre et

de soutenir avec honneur le privilége de son hérédité, et que l'hérédité seule, dépourvue de ces avantages, n'étant propre qu'à exciter l'envie, serait plutôt un moyen d'affaiblir le second pouvoir de l'état
que de lui donner de la force.

Mais n'existe-t-il donc aucun autre moyen pour
constituer convenablement ce pouvoir et lui donner
la vie et la force dont il doit être doué? Nous avons
dit que le fondement de notre nouveau gouvernement était le vœu national; alors il est de la nature
de ce gouvernement que le vote populaire y soit
l'origine des divers pouvoirs, et particulièrement
des pouvoirs politiques. Sans doute le mode d'élection pour la première Chambre ne doit pas être le
même que pour la Chambre des députés, car alors
ce ne serait qu'une Chambre divisée en deux sec-
tions; mais pourquoi chaque collége électoral n'éli-
rait-il pas, à chaque renouvellement de la Chambre
des députés, un ou deux candidats dont les noms
seraient inscrits sur une liste permanente, et parmi
lesquels le roi choisirait les membres à vie de la
première Chambre? Ces candidats seraient pris
parmi les hommes dont la vie publique serait déjà
connue et pourrait être appréciée; en conséquence,
l'âge de 40 ou de 50 ans, un cens double ou qua-
druple de celui de la Chambre des députés, aussi
long-temps qu'on exigera encore celui-ci, seraient
les conditions d'éligibilité. Le même candidat pourrait être réélu une seconde, une troisième fois, et
par le même collége, ou choisi par plusieurs colléges
électoraux. Ces réélections donneraient naturelle-

ment plus de titres à celui qui en serait l'objet, et fixeraient plus particulièrement sur lui l'attention du roi et de la nation. Peut-être serait-il convenable, pour plusieurs motifs, et surtout pour étendre davantage les occasions où le pays donne, par la manifestation de son vote, un témoignage d'estime à un citoyen, peut-être, dis-je, serait-il convenable que celui qui accepterait la candidature à la première Chambre, cessât d'être éligible à la Chambre des députés. Quant aux membres actuels de la première Chambre, ils feraient de droit partie de la Chambre reconstituée , ou du moins leurs noms seraient portés en tête de la liste de candidature, de manière qu'ils n'auraient besoin que de l'approbation du roi pour y être appelés.

Je m'arrête, car je n'ai point eu l'intention de traiter en ce moment de la constitution de la première Chambre. J'ai essayé seulement de déblayer le terrain des matériaux qui ne me semblaient pas d'un bon usage , et qui pouvaient nuire à la solidité et à la noble simplicité de l'édifice à reconstruire.

DES ÉLECTIONS ACTUELLES.

Deux cent mille citoyens au plus sont appelés en ce moment à exprimer par leur choix la volonté nationale. S'ils se pénètrent bien de l'importance de leur mission, et des devoirs qu'elle leur impose, ils sentiront que toute affection particulière, tout esprit de coterie, toutes passions, toutes préventions, leur opinion individuelle même, doivent disparaître devant l'obligation de choisir pour députés des hommes qui soient les véritables représentans de l'opinion de l'arrondissement électoral dont ils font partie. Qu'ils se regardent donc comme les chargés de pouvoir de leurs concitoyens privés du droit dont ils sont investis, plutôt que comme appelés à exprimer leur opinion individuelle. Sans doute lorsque, selon la belle pensée de Montesquieu, *tous les citoyens qui sont réputés avoir une volonté propre auront le droit de donner leur voix pour choisir leur représentant*, alors chaque électeur n'agissant plus que pour lui et sa famille, sera libre de ne suivre dans son vote que son inspiration personnelle. Mais aujourd'hui, par l'effet des circonstances, ils sont appelés exclusivement à exprimer le vœu de tous; ils sont, quoique beaucoup moins nombreux, dans la même situation que ceux qui viennent d'exercer en Angleterre le droit électoral : qu'ils montrent donc la même générosité dans leur conduite, qu'ils envoient à la Chambre des hommes disposés à faire jouir des droits électoraux tous les citoyens qui peuvent être réputés avoir une volonté propre.

Ce n'est donc pas seulement sur la question de l'hérédité de la pairie que les électeurs doivent demander des explications aux candidats qui se présentent, mais sur celle, au moins aussi importante, de l'extension du droit électoral.

En effet, s'il est vrai que notre gouvernement ait pour base la volonté nationale; s'il est vrai que la loi doive être l'expression de la volonté générale, et personne, je pense, ne le conteste, il est de toute nécessité que la volonté nationale soit connue. Or cette volonté se compose indubitablement de la réunion des votes de tous les citoyens ayant une volonté propre.

C'est en donnant cette large base à l'expression de la volonté nationale que les pouvoirs qui en dérivent acquerront cette plénitude de force qui assure la tranquillité intérieure de l'état et double sa force extérieure. Alors les émeutes seront sans but, les factions sans prétexte; car le mobile de celles-ci, ce qui fait leur puissance, c'est l'idée qu'elles mettent en avant que le pouvoir est en opposition avec la volonté du pays. Aussi l'accord, sans contestation possible, de la volonté nationale avec le pouvoir est-il la mort des factions.

Mais n'avons-nous pas eu tout récemment sous les yeux des faits qui viennent à l'appui de cette vérité? Il y a à peine un an, lorsque sur toute la surface de la France le pouvoir nouveau n'avait point encore ressaisi les rênes, qui a maintenu la tranquillité publique ; qui a arrêté les factions, et, dans bien des cas, les a empêchées de se produire? N'est-ce pas cette création si spontanée et si sublime d'une garde nationale, qui devait moins sa force aux armes qu'elle portait, et dont elle faisait peu d'usage, qu'à l'idée qu'elle était l'expression des volontés réunies de chaque localité.

Quel motif aurait-on maintenant de manquer de confiance dans un corps électoral formé à peu près sur les mêmes bases, et comment priver de tels citoyens du beau droit de ne voir, dans l'obéissance que l'on rend aux lois de son pays, qu'un hommage libre à une volonté générale, l'expression de laquelle on a soi-même concouru.

FIN.

PARIS. — IMPRIMERIE ET FONDERIE DE FAIN,
RUE RACINE, N°. 4, PLACE DE L'ODÉON.

9 782012 963221